Kerstin S Mayer und Gernot E. Mayer

Christliche und Weltliche Besinnungstage im Jahresverlauf

Christliche und Weltliche Besinnungstage im Jahresverlauf

Gedichte Gebete und Lied aus unserer Schatzkammer

Kerstin S. Mayer und Gernot E. Mayer

Bibliografische Information der Deutschen Nationalbibliothek:
Die Deutsche Nationalbibliothek verzeichnet diese Publikation
in der Deutschen Nationalbibliografie; detaillierte bibliografi-
sche Daten sind im Internet über http://dnb.dnb.de abrufbar.

Verlag: BoD · Books on Demand GmbH, In de Tarpen 42,
22848 Norderstedt, bod@bod.de

Druck: Libri Plureos GmbH, Friedensallee 273, 22763 Hamburg
ISBN: 978-3-7693-2531-7

Inhaltsverzeichnis

I

Du kannst Dich nur mit jemandem anfreunden, den Du bereit bist zu umarmen (Michaela Jacobs)

Niemals, dass Dir jemand etwas aufoktroyieren möchte z.B. seinen Kleidungsstil

seine Persona/Masken (Jung) ablegen zu dürfen, man selbst sein zu dürfen

Geheimnisse anvertrauen können mir der absoluten Gewissheit des Schweigegebotes Sprichwörter 17,9

keine ungebetenen Ratschläge und Einmischungen empfangen zu müssen

manchmal auch, unangenehme Wahrheit auszusprechen zu dürfen

„wir schaffen das", ,,Du schaffst es", evtl. „ich schaffe es für Dich" als Motti

mit dem anderen Kindheitsleid, Traumata etc. aushalten zu können aber auch eigene Grenzen dies bzgl. Eingestehen

nicht zu hohe Erwartungen zu stellen

niemanden zu stark vereinnahmen zu wollen

keinen für einen Zweck zu instrumentalisieren

zu akzeptieren, wenn jemand Rückzug braucht

Freundschaft heißt:

sich selbst stets der beste Freund zu sein: milde, barmherzig, eigene Schwächen wahrnehmend aber nie verurteilend, allein sein können und genießen

Schwächen, Fehler, Versagen des anderen nicht summieren oder irgendwann missbrauchen als Waffe möglicherweise gegen ihn, alte Versäumnisse nicht wieder bearbeiten

aushalten, wenn der Freund überreagiert, gestresst oder überempfindlich geworden ist in anstrengenden Zeiten

um Entschuldigung und Verzeihung bitten können, Groll loslassen

gut zuhören können und nicht nur von sich selbst zu reden

Erfolg gönnen und Neid eingestehen

nach langer Abwesenheit sich vertraut wie früher zu fühlen

zu akzeptieren, dass manche Freundschaften für bestimmte Lebensphasen nur da sind aber jede Freundschaft ein ideelles Geschenk mit sich bringt

kleine Geschenke geben, die zum Freund passen

ungünstige Entwicklungen des Freundes wahrzunehmen, wenn dieser sich anders entwickelt als man selbst, womöglich intrigant wird

Gemeinsam aus der Reihe tanzen, Spaß haben, das innere Kind würdigen

Was sagt die Bibel über Freundschaft?

Man sollte nicht zu schnell Vertrauen schenken laut Jesus Sirach 6,7

„ein treuer Freund ist wie ein festes Zelt, wer einen solchen findet, hat einen Schatz gefunden." Jesus Sirach 6,14

Jesus Christus:

„Niemand hat größere Liebe als der, der sein Leben gibt für seine Freunde."

Herb Goldberg unterscheidet drei Freundschaftsarten:

die wichtigste die Herzensfreundschaft, die man selten findet und nicht zu häufig im Leben

die Freizeitfreundschaft

die Nutzensfreundschaft.

Im Lexikon der Synonyme (Köln, 2001) werden Geistesverwandtschaft, Vertrauter, Kameradschaft, Verbundenheit unter Freundschaft gefasst. Besser finde ich Seelenverwandtschaft

Welttag der Suizidprävention zehnter September

Fühlst Du Dich angesehen in dieser Welt

mit wenig Status, Lob und Ehre?

Dein Anderssein mir gut gefällt

wegschmelzen möge jede Barriere.

Ich empfinde für Dich Achtung und Respekt,

wissend, was jeder hier leisten muss -

horch auf Dein Herz und Deinen Intellekt:

Die Liebe ist Dein Dich tragender Fluss.

Woher soll ich Liebe zu mir selbst nehmen?

Was macht echte Liebe aus?

Gib' auf, Dich für etwas zu schämen -

Gott schenke Dir ein neues Vertrauenshaus.

Für die, die nicht mehr leben möchten:

vertraue Dich jemand Würdigem an.

Im Geist kann ich Dir Rosenkränze flechten

und verleihe Deinem Leben neuen Klang.

Obgleich Gefühle wie Wut sind verdrängt,

ist Dein Leben reichhaltig und lebenswert.

Halte Deinen Kopf aufrecht, nicht gesenkt:

Gott seinen Lieblingen Glück und Leid beschert. (nach Goethe)

Für Lebensmüde ist jedoch die Last zu viel,

da die Welt oft sehr grausam ist.

Den Hinterbliebenen bleibt großes Trauergefühl,

der Blick und Trost der Übrigen wird vermisst.

Lasst uns einander liebevoll betrachten,

mit Hilfen, Berührung und Validation,

um das Böse ganz zu entmachten:

dies ist meine ewige Vision.

Du bist Du, Du bist wie ich,

trägst die gleichen Gefühle in Dir.

Die Welt braucht jemanden wie Dich:

bleib' bei uns, Du bist wichtig hier!

Buch Jesaja 57, 15-16:

„Ich, der Hohe und Erhabene, der ewige und heilige Gott. Ich wohne in der Höhe und im Heiligtum und bin bei denen, die traurig und bedrückt sind. Ich gebe ihnen neuen Mut und erfülle sie wieder mit Hoffnung."

Laut www.welt.de begehen jährlich weltweit 800.000 Suizid. Laut WHO, World Health Organisa-tion unternehmen mehrere Millionen Individuen pro Jahr einen Suizidversuch.

Im Alten Testament gab es 10 Freitode.

Buch Jesaja 54,10: „Berge mögen einstürzen und Hügel wanken, aber meine Liebe zu Dir wird nie erschüttert und mein Friedensbund wird niemals wanken. Das verspreche ich, der Herr, der Dich liebt."

Zweiter Sonntag im September Tag der Heimat

Einsamkeit darf niemals sein!

Keiner sollte kämpfen ganz allein!

Ich wünsche Dir Freunde, die mit Dir teilen,

bei Froh-wie Trübsinn bei Dir verweilen.

Ergreife dabei den ersten Schritt,

nimm' Deinen ganzen Mut hin mit.

Zieh' einen lieben Menschen an:

zwischen Euch möge wachsen ein Zauberbann.

Wovon Du am liebsten träumst,

dass Du keine Chance versäumst.

Überwinde Deine inneren Blockaden

und werde selbst zum besten Kameraden.

Heimat ist da, wo verstanden Du Dich fühlst, (C. Morgen-
stern)

Dein Gebrauchtsein mitunter spürst.

Wo geheilt werden Deine Wunden,

sie werden dort ganzheitlich verbunden.

Wir wissen alle überdies:

Heimat finden wir erst im Paradies.

Dort sind alle miteinander vernetzt

und jeder wird unendlich geschätzt!

Johannes 17,15 „Ich bitte Dich nicht, sie aus der Welt zu nehmen aber ich bitte Dich, sie vor dem Bösen zu bewahren."

Johannes 17,16: „Sie sind nicht von dieser Welt, gleichwie ich auch nicht von dieser Welt bin."

2. Korinther 5,1: „Wie wissen, wenn unsere irdische Zeit abgebrochen wird, dann haben wir eine Wohnung von Gott, ein nicht von Menschenhand errichtetes ewiges Haus im Himmel."

Internationaler Welttag der Musik (auch 22. November) am 1. Oktober

Musik wird treffend als die Sprache der Engel geschrieben. Thomas Carlysle

LOVE is in the air von John Paul Young

Love is in the air, everywhere I look around

Love is in the air, every sight and every sound

And I don't know if I'm being foolish

Don't know if I'm being wise

But is something that I must believe in

And if s there when I look in your eyes

Love is in the air, in the whisper of the trees

Love is in the air, in the thunder of the sea

And I don't know if I'm just dreaming

Don't know I'll feel sane

But ifs something that I must believe in

And it's there when you call out my name

Love is in the air, love is in the air

Love is in the air, in the rising of the sun

Love is in the air, when the day is nearly done

And I don't know if you're illusion

Don 't know if I see it true

But you're something that I must believe in

And you're there when I reach out for you

1. Strophe wiederholen

Love is in the air, love is in the air

Love is in the air, love is in the air

Meine Übersetzung:

Liebe ist in der Luft, überall wohin ich schaue

Liebe ist in der Luft, jede Sicht und jeder Klang

Und ich weiß nicht, ob ich närrisch bin

weiß nicht, ob ich weise bin

aber es ist etwas, an das ich glauben muss

und es ist da, wenn ich in Deine Augen schaue

Liebe ist in der Luft, in dem Säuseln der Bäume

Liebe ist in der Luft, im Donner des Meeres

und ich weiß nicht, ob ich gerade träume

weiß nicht, ob ich mich krank fühle

aber da ist etwas, an das ich glauben muss

und es ist da, wenn Du meinen Namen aussprichst

Liebe ist in der Luft, Liebe ist in der Luft

Liebe ist in der Luft, in dem Sonnenaufgang

Liebe ist in der Luft, wenn der Tag fast abgearbeitet ist

und ich weiß nicht, ob Du eine Illusion bist

weiß nicht, ob ich es richtig sehe

aber Du bist etwas, an das ich glauben muss

und Du bist da, wenn ich mich nach Dir ausrichte

Wiederholung 1. Strophe Liebe ist in der Luft …

Liebe ist in der Luft, Liebe ist in der Luft

**Meine persönlichen Gedanken zu „Love is in the air"
zum Weltmusiktag**

Liebe ist in der Luft, wenn

**ich dieses Lied im Radio höre, meine Seele mit-
schwingt**

Kinder am Himmel Teddywolken sehen

die Verkäuferin abends noch genau das belegte Brötchen
hat, was ich mir tagsüber gewünscht habe ein indigenes
Kind mich anlächelt, obwohl ich in traurigen Gedanken
versunken bin

die Stimme und das Piratenlachen meines Mannes er-
klingt

Abwesenheit von Angst w1d Hass vorliegt

ich das Sternenzelt betrachte und ich mir vorstelle, dass
jeder Stern zu einem heimgegangenen Menschen gehört

Eltern, Freunde, Menschen sich loyal und treu gegenüber
uns verhalten

eh etwas für meine Lieben kochen kann und wir miteinander speisen und plaudern

als meine Schwiegereltern und ich Sekt am Auto tranken nach

Abschluss des Colloquiums

ich Briefe, Karten schreibe und erhalte

verschiedene Religionen im Zwist sind und sich wieder vertragen

ein behandelnder Arzt mich ernst nimmt, validiert, Gedanken macht und überdurchschnittlich hilft

Liebe ist in der Luft, wenn

Kinder lachen und ganz Kind sein dürfen

eine höchst pflegebedürftige Frau dich bei ihrer Abreise aus dem Urlaub anlächelt, obwohl sie nicht mehr „viel leisten kann".

die gleichen Lieblingslieder von meinem Mann und mir im Radio laufen

ein Regenbogen am Horizonte erscheint, 2 Regenbögen in Taizé

die Sonne mich wärmt

in der ursprünglichen Natur verweilt, wie als Kind

man nach Leidensphase wieder wohlauf ist

mit Freunden, Familie sonstigen Menschen über Gott und die Welt spricht

wenn seelenverwandte Menschen sich finden

Wünsche wahr werden

sie in fast allen Musikrichtungen findet

die leuchtenden Augen von Kinder sieht, wenn man mit ihnen mit Kuscheltieren spricht

jemand zu seinem Recht kommt bzw. man ihm dazu verhilft

liebevolle Gesten zu Randgruppen zeigt

Dich jemand nicht liebt und Du jemanden findest, der Dich mehr liebt

manche WhatsApp Videos erhält

Ratschläge älterer Menschen empfängt und befolgt

Politiker gerecht handeln

Menschen teilen und schenken

und gut zuhören kann

Du freundliche, hilfsbereite Menschen triffst

Schüler gerechte Lehrer haben, die sie lieben und ihnen zuhören

Stille nach einem Sturm des Geistes eintritt

viele Hände ein Ende bringen

Menschen Gedankenübertragung haben unter Partner, etc.

Sternstunden und Sternschnuppenstunden eintreffen (nach Walter G. Zwick)

Spiritualität da ist, die befreit statt einengt

man das Wirken von Engeln spürt

Einklang von Geist, Seele, Körper erfährt

Entspannung, Pausen, Ausschlafen, Mittagsschlaf, Zeit für sich hat

Lieblingsspeisen und -getränke zu sich zu nehmen

Frieden in der Welt, in den Gesellschaften zu erleben

Gottes, Marias, Jesus' bedingungslose Liebe und Kraft spürt

jemand Dich lässt, wie man ist

Du durch Musik ein behindertes Kind zur Teilnahme am Unterricht bewegen kannst

Reichtum der Liedtexte, die jedem das Gefühl geben, eingebunden zu sein und einen Platz hier zu haben

Farb- und Formenvielfalt wahrnimmt

Reichtum und Fülle entdeckt und wenn ausgestorbene Tiere und Pflanzen wieder erscheinen als ich meine vermisste Taizé Freundin in den USA wiederfand

eine wohlgesonnene Nachbarschaft hat

anderer Not gelindert werden kann

intakte Familien sieht, wie liebevoll sie miteinander umgehen

Tiere streichelt

das jährliche Straßenfest

ich höre, was mein Buch auslöst in Menschen

sich selbst liebt, unabhängig von Gedanken und Erwartungen anderer etc. wann liegt bei Dir/Ihnen Liebe in der Luft

„Musik ist neben der Energie der Erzengel die einzige Quelle -glaube ich-, die all unsere Chakren stimulieren kann."

2. Oktober Schutzengeltag

Liebesbrief an meinen Schutzengel

Jabka, ich liebe Dich -

ich schreib' Dir ein Gedicht.

Du schützt mich jederzeit,

bist dazu stets bereit.

Dein Mensch, sagst Du, bin ich,

danke, dass Du wen liebst, wie mich.

Durch die Lichtfunken, die Du lässt über mir sprühen,

ve1mag mein Herz für Dich mehr als nur zu glühen.

Meine Seele entflammt für Dich jeden neuen Tag,

den ich mit Dir beginnen und beenden mag.

Ich genieße es, Deine Umarmung zu spüren,

wenn Deine Flügel mich zart berühren.

„Jabka", heißt Du, das wurde mir offenkund,

seitdem ist mein Leben kunterbunt.

Von Liebe und Wundern ganz erfreut, hätte ich jeden Tag ohne Dich sehr bereut.

Du gibst mir Geborgenheit,

indem wir sind allezeit zu zweit.

Wenn wir in uns Ängste hegen,

bringst Du mir Deinen Friedenssegen.

Im Weißen der Natur offenbarst Du Dein Licht,

erhellst damit nicht nur mein Gesicht.

Bei tiefer Ruhe finde ich Dein Angesicht,

worin Du entzündest mein inneres Licht.

Wie Blumen sollen wir sprießen -

Tage und Nächte mit Dir genießen.

Was Dir als Schutzengel ist niemals zu viel,

ist mein Glück als Dein ew'ges Ziel.

Ich danke Dir von Herzen,

Du linderst meine Schmerzen.

Du hilfst mir wirklich sehr,

lass uns versinken im Liebesmeer.

Sanftes Anstoßen

Führung auf leisen Spuren

bedingungslose Liebe

5. Oktober Welttag des Lächelns

Kein Medikament ersetzt ein Lächeln. Aus Deutschland

Mit Lächeln gewinnt man mehr Freunde als mit einem langen Gesicht. Aus China

Das Lächeln, das Du aussendest, kommt zu Dir zurück. Aus Indien

Gott hat Dir ein Gesicht gegeben, lächeln musst Du selbst. Aus Irland

Gedicht

Sieh diese Frau, wie sie leidet

jegliche Strapaze sie nicht meidet.

Trotz Sorge und Plagen

vermag sie ein Lächeln zu wagen.

Ihr Lächeln schenkt ihr Glück pur

verändert ihre Lebensspur

Menschen wollen mit ihr sein

schenken ihr ein Sekt und Wein.

Gerade, wenn Du bist in Eile

im Lächeln verbleib' eine Weile.

Vertreib ' lästige Launen,

indem Du Kinderlachen, Natur kannst bestaunen.

Wenn du denkst, dies ist ein Flop,

tue doch einfach so als ob.

Dein Geist, der wird umprogrammiert -

Dein Äußeres mit Glanz verziert.

Erster Sonntag im Oktober Erntedankfest

Ob sauer, herzhaft oder süß,

jeder liebt sein Lieblingsgemüs'.

Jedem einzelnen Kontinent

ist Natur's Reichtum immanent.

Um Rohstoffe, Wasser und fruchtbares Land

sind viele Kämpfe entbrannt.

Warum sind nicht alle weise und klug?

Für jeden gäbe es mehr als genug.

Gott hat mit unendlicher Macht

alles wunderbar vollbracht.

So fahren wir nun die Ernte ein,

mit Getreide, Früchten und kostbarem Wein.

So mögen wir uns alle beeilen,

unsere Gaben und Güter gerecht zu verteilen.

Auch Du mögest haben das Privileg,

Fülle zu erleben auf Deinem Weg.

Bibelstellen und Auszug aus dem Sonnengesang

Matthäus 9, 36

„Und da er das Volk sah, jammerte ihn desselben; denn sie waren verschmachtet und zerstreut wie die Schafe, die keinen Hirten haben. Da sprach er zu seinen Jüngern: Die Ernte ist groß, aber wenige sind der Arbeiter. Darum bittet den Herrn der Ernte, dass er Arbeiter in seine Ernte sende."

Galater 6, 7 „Denn, was der Mensch sät, das wird er ernten."

Aus dem Sonnengesang von dem 1224/1225 im Krankenbett liegenden Franz von Assisi... „Lobet und preist meinen Herrn und dankt und dient ihm mit großer Demut." (aus Franziskus-Quellen, Butzon und Bercker 2009), gefunden auf der Internetseite der Deutschen Franziskaner Provinz von Bruder Peter Fobes

Erster November Allerheiligen

Seit dem vierten Jahrhundert nach Christus gilt es als Feiertag, zunächst von Irland nach USA und dann nach

Deutschland gekommen. (nach Dr. Ulrich Neymeyr, Bischof von Erfurt)

Sie standen in der Nachfolge Christi und haben Besonderes vollbracht und haben oft für ihren Glauben ihr Leben lassen müssen.

Menschenliebhaber

ermutigen uns

jedem Individuum zugewandt

sie richten uns auf

Himmelsfürsprecher

Gebet und Meditation:

Mögest Du Deine eigene Einstellung und Beziehung zum Thema Heilige finden.

Schutzheilige mögen Dir zeigen, welchen Schritt Du als nächstes gehen möchtest und welchen Weg Du einschlagen kannst

Da sie jederzeit erreichbar sind, mögen sie Dich gern ihre Nähe und ihren Schutz spüren lassen.

Mögen sie Dir wichtige Impulse zu Deiner ganzheitlichen Heilung oder Linderung Deiner Lasten geben

Dadurch, dass ihnen nichts Menschliches fremd ist, haben sie größtes Verständnis für unsere Schwächen

Bibelstelle: „Der Herr, ist die Majestät und Gewalt, Herrlichkeit, Sieg, Hoheit. Denn alles, was im Himmel und auf Erden ist, ist Dein." 1. Chronik 29, 11

Zweiter November Allerseelen

A achtet, was der Verstorbene Euch geschenkt und hinterlassen hat

L lebt tausende unvergessene, kostbare Momente miteinander

L liebt Euch, als sei es der letzte Tag

E erinnert Euch an das Gute im Verstorbenen, das Negative verklärt

R richtet nicht hin, sondern einander auf

S seht euch mit barmherzigen Augen an

E erntet das Positive, was die geliebte Person gesät hat

E ermutigt Euch, bei einer würdigen Person Euer Inneres zu zeigen

L leidet oder lacht, wie es Euch guttut, lasst Euch nicht vorschreiben, wie lange Ihr trauern dürft

E erkennt, dass euer Partner jetzt von Leiden erlöst ist.

N notwendig sind das Zulassen aller Gefühle und Vergebung zur eigenen Befreiung

Novemberkälte

Der Sturm weht Asche ins Meer

Licht erwartet Dich

Neue Jahreszeit

Lufthauch erwärmt wie Frühling

ich spüre Dich überall

Freudenoase

Dein Platz ist am Sternenzelt

Du wirkst immerfort

Dritter November Heiliger Hubertus von Lüttich

H hatte als Lieblingsaktivität die Jagd

U unwichtig war ihm der Glaube zu Gott, zu Jesus

B besaß alles, wovon Menschen träumen konnten

E er verlor seine Ehefrau nach der Geburt seines Sohnes

R reitet und jagd nach dem Verlust noch vehementer im Wald während der Weihnachtsmesse

T törichterweise ignoriert er die Mahnung einer Kräuterfrau

U unverzeihlich erscheint ihm Gottes unerklärlicher Ratschluss

S schachmatt fühlt Hubertus sich nach diesem Schicksalsschlag

V Verstand dominierte ihn zuerst

O offenbart sich das Kreuz in einem Hirschgeweih

N nächst eilt er mit dem Pferd in die Weihnachtsmesse

L lobt Jesus und Gott aus der Tiefe seiner Seele

Ü überfließendes Erweckungserlebnis überfällt ihn in der Kapelle

T temperamentvoll fällt er auf seine Knie

T Teufelskreisbann ist zerschlagen

I immerfort betet er Jesus an

C charakterfest möchte er von nun an ein gläubiger Christ sein

H heiliggesprochen wurde er von der katholischen Kirche am 3. November 744 n. Chr.

Hubertus Namensbedeutung: der durch Verstand glänzende

Gebet:

Mögest Du Dich nach einem Schicksalsschlag wieder als Kind Gottes geliebt fühlen und Antworten auf Deine Fragen finden. Mögest Du Menschen um Dich herumhaben, die Dich trösten, Dir Kraft spenden und den Schmerz mit Dir aushalten und teilen. Amen

Sechster November Heiliger Leonhard von Limoges

geboren 496 n. Chr., gestorben 6.11.559 n. Chr.

Adelssohn

begnadeter Fürsprecher

sprengte Ketten von Gefangenen

Schutzpatron Landwirte und Inhaftierter

Machtvoll

Gebet:

Heiliger Leonhard

Erbarme Dich aller Menschen auf der Erde. Jeder einzelne von uns ist darauf angewiesen, dass

Landwirte weltweit eine gute Ernte einfahren.

Hilf uns allumfassend zu erkennen, wie wir die globalen Probleme wie Hungersnöte, Missernten endgültig lösen können, so dass jeder Mensch spürt, dass für ihn gesorgt ist, wie die Vögel, wie die Bibel schreibt.

Schenke den Inhaftierten schuldig oder unschuldig, die Gabe zu erkennen, dass von jedem abhängt, dass alles einer göttlichen Ordnung entsprechen muss, damit Gleichgewicht einer Familie oder Gesellschaft gewahrt bleibt.

Sprenge die Ketten, die uns auferlegt wurden durch kranke Familienstrukturen. Lass uns erkennen, dass wir alle verwundete Kinder sind, die etwas zu einem bestimmten Zeitpunkt unseres Lebens nicht besser machen konnten, als wir es heute einsehen.

Steh' uns bei in den Versuchen, Freiheit zu finden und unserem Schuldigen zu vergeben.

Heiliger Leonhard: Sei mitten uns am Tag der Freude und Freiheit, dass es Dich gibt. Feier mit uns und schenke uns die Freude, jede Sekunde, in der es genug Speise und Trank da ist und des Mitei-nanders ausgesprochen zu genießen.

Elfter November der Heilige Bischof Martin von Tours

(geboren 316, gestorben 3 97 n. Chr.)

Einst waren Tagelöhner umhergezogen,

hatten niemanden je betrogen.

Sie baten um Speck, Ei und Brot,

groß war ihre soziale Not.

Einem Bettler erwies Martin ohne Kalkül

Solidarität und sein Mitgefühl;

Ansehen blieb dem Bettler verwehrt,

berühmt ist die Mantelteilung mit seinem Schwert.

Beide Vorgänge wurden zur Tradition:

sind uns lange übermittelt schon.

Heute wandeln Kinder mit Laternenlicht,

der Martinszug erhellt ihr Gesicht.

Für sie ist es das perfekte Moment,

wenn jemand ihm etwas Gutes schenkt.

Süßes lässt vergessen die Novemberkälte,

nachdem Große öffnen für sie ihre Zelte.

Viele liebten Martin von Tours an Zahl,

es kam im französischen Areal zur Bischofswahl.

Obwohl er sich lange im Versteck verkrochen,

wurde er später heiliggesprochen.

Helft jedem an seinem Ort,

treibt Armut und Mangel für immer fort.

Lasst uns stets sein mit den Armen,

ihnen schenken -wie Martin-Liebe und Erbarmen.

Zweiter Sonntag vor dem ersten Adventssonntag (seit 1952) Volkstrauertag

90 Lebensjahre alt werden,

das wäre allzu schön

zufrieden, dankbar sein und viel gesehen

Höhen und Tiefen stets genommen,

manches ist mir nicht gut bekommen

Konnte ich alle Sehnsüchte leben?

Viel Liebe durfte ich Menschen geben!

· Wurde von Jesus ganz erkannt

wie die Frau am Brunnenrand,

als der Durst nach Christi Wasser sie übermannt.

Billiarden Menschen starben ungewollt,

ist ihnen genug Dank gezollt?

Um ihre Träume schnell gebracht,

gerne hätten sie mehr gelacht,

aus ihrem Leben was gemacht.

Als Soldaten missbrauchte Kinder -

Erwachsene gibt es nicht minder.

500.000 Kinder weltweit an der Zahl,

ist ihr Wohl allen Staaten egal?

Lasst uns helfen, wie ihr es könnt,

ein anderes Leben sei ihnen vergönnt.

Jeder kann helfen auf seine Weise,

der eine laut, der andere leise,

schenkt ihnen eine gute Lebensreise!

,,Wer weint, ist nicht immer traurig.

Wer traurig ist, weint nicht immer.

Was ist wohl schlimmer?!" unser Freund Moqim aus Af-
ghanistan 21 Jahre

Dreiunddreißigster Sonntag im Jahreskreis Welttag der Armen

Arm ist in Wirklichkeit niemand, weil es ein untrennbares Band der Liebe zwischen Gott, seinen Himmelshelfern und seinen Menschen gibt.

Die Ungerechtigkeiten in unserem Land und weltweit lassen viele Menschen jedoch das Gegenteil spüren. Viele fühlen sich abgeschnitten, nicht zugehörig, nicht angesehen. Wie kann ein allmächti-ger und liebender Schöpfer dies zu lassen.

Ich kenne zwei finanziell schlecht betuchte Menschen, die in meinen Augen steinreich sind an Mit-gefühl, Hilfsbereitschaft. Eine Freundin kennt zudem -wie ich - das Geheimnis, an die Quelle der Musik angeschlossen zu sein, was uns verbindet.

Musik rettet und heilt uns. Sie schenkt und das Gefühl, ein geliebtes Kind Gottes zu sein, das ein-gebunden ist in einen großen Plan Gottes, diese Welt zu einem perfekten lebenswerten Ort für alle Lebewesen zu machen.

Die Freiheit, die Gott uns geschenkt hat, beinhaltet eine mächtige Herausforderung, weil hier sich die Geister scheiden. Der eine gebraucht seine Macht zum Positiven und viele zum Schaden anderer. Letzteres erklärt das Leiden der meisten Menschen.

Musik, die wir lieben, befreit uns und versetzt uns in eine höhere Schwingung. Die Texte und Vi-deos der Musik geben Ausdruck darüber, dass es kein Gefühl oder Zustand gibt, den irgendein Menschenkind nicht erlebt hat. Daraus ergibt sich, dass man aus dieser Quelle sich nicht mehr einsam und allein sondern dazugehörig fühlt.

Reich ist, der sich zugehörig fühlt, zu einer Bezugsperson, zu Gott, Mariens, den Engeln, zu einer Gruppe oder zu einer Tätigkeit, die ihm Zufriedenheit und Freude spendet.

Später, wenn wir in Gottes Reich gelangen, gibt es im Gegensatz zur harschen Erde keine Nöte mehr. Jeder lebt in Fülle und ohne Sorgen. Sollte er Not haben, weil er jemandem nicht vergeben konnte, stehen ihm unendlich viele Helfer bereit, die ihn verstehen. Daran glaube ich.

Im Mittelhochdeutschen, Althochdeutschen bedeutet arm „verwaist".

Verwaist ist jemand, der keine oder nur ein Elternteil hatte oder von seinen Eltern nicht genug beeltert wurde, wie viele unter uns.

Siebzehnter November Weltstudententag

Viele Studentenpflichten

sind Scheine alles?!

Jobs in diversen Sparten

an studentischer Überlebenskunst wird gefeilt

werde ich nach Abschluss noch gebraucht?

Wie bringe ich alles unter einen Hut?

Alle Tätigkeiten haben Sinn und bauen aufeinander auf

Je mehr Praxiserfahrung, desto bessere Einstellungschancen nach dem Examen

Werde ich später eine Stellung erhalten, die meinen Neigungen entspricht

Gedanken dazu: Gerade zwischen Akademikern und Nichtstudierten herrscht oft ein Gefälle. Studium ein Privileg, die Eintrittskarte in eine später höher bezahlte Tätigkeit? Nicht mehr heutzu-tage. Sozialarbeiter werden z.T. als Erzieher bezahlt, Diplom- Pädagogen wie Sozialarbeiter. Sozi-alarbeiter tragen viel Verantwortung, die bei Gesundheitspflegern und Krankenschwestern angemessener honoriert werden müsste.

Mein Studium habe ich als Geschenk empfunden, da alle Fächer sowie Praktika meine Interessen wiedergaben.

Prüfungsängsten in schweren Fächern gehörten zu.

Folgendes ist wichtig an der Fachhochschule wie an früheren Schulen:

Wenn Professoren und Dozenten ihre Studenten liebten, sie unterstützten wie an der KFH saß man gerne im Boot und brachten gute Leistungen.

War es aber so, dass wie manche Lehrer früher lediglich ihren reinen Fachunterricht gaben und manche Lehrer schwächere Schüler vor den anderen vorführten, sanken die Noten.

Elf Tage vor dem ersten Adventssonntag Buß- und Bettag

In manchem kleinen Seelenhaus

sieht einer tagein - tagaus

aus wie eine graue Kirchenmaus:

Tritt 'da schnell wieder hinaus!

Mit Asche sollst Du Dich nicht bestüben,

Dich selbst immerfort lieben,

positive Gefühle neu wieder üben

und Dein Herz nicht bekriegen.

Angesicht von Gefahr und Not,

von Versagen und häufigem Tod,

nachdem vieles erscheint verroht,

bringen wir unser Leben wieder ins Lot.

Dem Büßen ist immanent,

von Liebe sich zu fühlen ganz getrennt.

Auf Freude setze man den Akzent:

Erbarmen ist Gottes Instrument.

So lasst uns leichten Fußes gehen,

unsere Vergehen ein-nicht übersehen,

dem inneren Feind widerstehen,

damit Neues kann fruchtbar entstehen.

Leicht ist es, sich zu verdammen,

statt zu empfangen Gottes Erbarmen

mit seinen gütigen Armen.

So möge es allen geschehen, Amen!

Wortursprung Buße aus dem griechischen Metanoia über-
setzt heißt: ich habe es mir anders überlegt.

Weitergegeben von Domradio

Zwanzigster November zum internationalen Tag der Kinderrechte

Für Flüchtlingskinder, die herkommen ahnungslos,

ist die Last allzu groß.

Wenn alle sie einstimmig stützen,

ziehen sie ein besseres Los.

Was alle armen Kinder gut fänden:

Du kannst Spielzeug ihnen spenden.

Lass' deiner Fantasie freien Lauf

Es gilt zuzupacken mit Deinen Händen.

Hausaufgabenhilfe ist eine gute Tat:

Aufsatz, Referat oder Diktat.

Wo liegt ihr Bedarf?

So entsteht ein gutes Resultat.

Wenn viele Kinder teilen ein Zimmer,

herrscht Wut und viel Gewimmer.

Gebt jedem einen eigenen Raum

dies wünschen sich viele für immer.

Für alle wäre es ein Himmelreich

behandelte man sie überall gleich'.

Bei Mobbing sucht Hilfe von außen,

die greift hinein in jeden Bereich.

Mutet Kinder nicht zu viele Hobbies zu

es erdrückt sie geradezu.

Freiräume, Bummeln, Spielen

steigern auch ihren IQ.

Durch Unrecht steigt der Eltern Adrenalin:

sind kranke Kinder in der Krankenkassen Sinn?

Zahlt alle Kosten der Pflege

bekommt ihr das bald hin?

Hier zu Lande wurde sehr laut,

auf Kinder wird zu wenig geschaut.

Nehmt ihre Rechte ins Grundgesetz hinein:

dies ist in! nicht out!

Gedanken zum Dienen:

D demütig sein vor Gott und jedem Menschen, erfüllt mich mit Dankbarkeit, Ehrfurcht und Acht-samkeit

I im Blickfeld sei der Wunsch und das Streben, dass für alle gesorgt ist, wenn jeder dem anderen nach seinen Möglichkeiten dient

E erinnert an die Fußwaschung, die Jesus an jedem einzelnen vornimmt, der es zulässt, welches widerspiegelt Christus Art zu dienen

N niemals verlassen Gott und Jesus Dich, weil Du von Ewigkeit ein Königskind bist

E Engelscharen sowie verstorbene Angehörige sind ewiglich da, um den Menschen bzw. ihren Nachkommen zu dienen und zu helfen

N Nicht das Herrschen Gottes im Sinne eines Diktates und Unterjochung stehen im Vordergrund sondern des Schöpfers ursprüngliche Idee, die Erde, die gestaltet wird, mit unserem freien Willen, uns anzuvertrauen

Letzter Sonntag im Kirchenjahr Totensonntag/Ewigkeitssonntag und Christkönigsfest

Gebet: Mögest Du Dich stets als Königskind empfinden, was immer Du tust, indem Du täglich auch nach Versagen neu beginnen kannst wie die Pechmarie aus Frau Holle

Mögest Du die besondere Gegenwart Deiner Ahnen mit Sicherheit immer spüren

Erster Dezember Weltaidstag

Verdrängungsprozesse

Ausweglose Lage?

35 Millionen Tote

76 Millionen sind infiziert

Worin liegt der brennende Ausweg?

Aufklärung und Bildung müssen forciert werden

Promiskuität treibt den Werteverfall der Gesellschaften voran

Verantw01tungsvolle Sexualität ist ein von Gott gegebenes Geschenk

Gottes Sinn für die Menschen ist Gesundheit für alle

Eine zu enge -wie eine zu weite Moral kann schaden

Gebet:

Herr, schenke Allen Kraft und Trost, die einen Angehörigen an Aids verloren haben,

Begleite Betroffene auf ihrem letzten Weg, dass sie Frieden mit ihrem Leben und den Vorkommnissen schließen und sich nicht verurteilen.

Hilf uns Menschen, Vorurteile abzubauen und die Betroffenen vertrauensvoll in unserer Mitte zu beherbergen.

Wirke durch die Forscher, dass sie Wege einschlagen, die Krankheit ganz zu heilen. Alles ist möglich in Gottes Horizont.

Bewahre Frauen, Männer, Kinder vor Übergriffen und Gewalteinflüssen, wo durch sie sich anstecken

Bitte hilf uns, den Zeitgeist zu beeinflussen, der einst zu eng und jetzt zu ungezwungen im Umgang mit Sexualität ist

Gib den Liebespaaren die Möglichkeit, ihre eigenen Wege einzuschlagen mit Verantwortungsgefühl,

Achtung voreinander und Achtsamkeit miteinander

Der Himmel möge uns, den Gesellschaften und der Welt helfen, eine gesunde Sichtweise zur Sexualität zu gelangen

Schenke uns das Augenmerk auf Barmherzigkeit

Vierter Dezember Barbaratag (3. Jahrhundert)

Barbaras christliche Orientierung, Gespräche mit Christen, etc., waren ihrem Vater mehr als ein Dorn im Auge.

Er ließ sie in einen Turm sperren, den Barbara dreifach - entsprechend der Dreifaltigkeit - ausrichten ließ.

Unterdrückungsvorgänge

Familienehre beschädigt?

Du bist unschuldig!

Lass Dich nicht enthaupten!

Wie kannst Du Dich befreien?

Niemand darf Dir seinen Willen aufoktroyieren

Warum nehmen sich Menschen viele Rechte heraus?

Wie gelingt Balance zwischen Familienloyalität und eigenem Weg?

Manchmal muss man mit neuen Menschen seinen Weg voranschreiten

Sei mutig, kraftvoll, Deine Lebenspläne ernst zu nehmen und umzusetzen

Gebet:

Heilige Nothelferin Barbara, stehe allen, die am Übergang zum Jenseits stehen bei

Da jede r von uns in mancher Hinsicht gefangen ist oder sich fühlt, sei allen nah und gib uns die Kraft die Ketten der Gefangenschaft zu sprengen.

Da es manchmal Strukturen gibt, denen man nicht entfliehen kann, schenke uns die Gabe der inneren Freiheit der Gedanken, wie Paulus es im Gefängnis erlebt und vollzogen hat

Lass uns nur gefangen von dem sein, was uns begeistert, welches uns täglich an – und vorantreibt.

Hilf uns, dass die Quellen unserer individuellen Freuden nie versiegen mögen

Stehe denen bei, die von Ehrenmord bedroht sind.

Schenke alle Menschen innere und äußere Freiheit

Ob zu zweit oder zu dritt,

Schmusen macht nicht nur fit.

Es fördert ganz den Stressabbau,

sowohl bei Kind als auch bei Mann und Frau!

Es ist ein erwiesenes Phänomen:

Knuddeln schmilzt Ängste dahin!

Kuscheltiere heilen Jung und Alt

Verwerft dazu jeden Vorbehalt.

Schmusen lindert Depression,

fördert Durchblutung und Konzentration.

Damit Du Dir alles besser merkst;

Die Abwehr wird zudem gestärkt.

Das Bindungshormon Oxytocin

Krönt dich zur Glückskönigin.

Es hilft, sich zu binden und zu vertrauen,

lässt Menschen frohgemut ausschauen.

Meiner Oma' s gutes Gefühl

brachte mir Knuddeln ein ganz viel.

Wärme flutete mich:

Die hält an ewiglich.

Weckt Eure Kindergeister:

Werdet zum Schmusemeister!

Es schenkt Euch nicht nur Geborgenheit

Sondern ist wirksam gegen Kälte und Einsamkeit.

(Gedanken nach Ulrike Fuchs, Paarberaterin)

K kommt einander näher mit Achtung und Sanftmut

N negiert und vernachlässigt nicht Euer Bedürfnis nach Nähe

U unternehmt alles für tägliche Schmuseeinheiten

D duldet Menschen, mit unterschiedlichen Nähe- und Distanzbedürfnissen

D distanziert Euch von Menschen, die Eure Grenzen nicht achten

E ermöglicht Euch möglichst oft Euch zu umarmen, berühren, Händchen halten

L Loben ist ei ne geistig/seelische Form des Knuddelns

N Narben seelischer Wunden heilen besser durch häufiges Knuddeln

Einundzwanzigster Januar Weltknuddeltag

Gebet:

Wir bitten für alle Familien, ihren Kindern durch Schmusen und Knuddeln genug Wärme zu geben.

Lasst uns allen Kindern durch unser Vorbild mit gutem Beispiel einer positiv gelebten Leibfreundlichkeit voran gehen.

Helft uns zu erkennen, wann uns und anderen Knuddeln und Berührungen guttut.

Amen

Weihnachten

Geburt von Jesus Christus, der einzige, neben den Heiligen, seinen Anhängern und Weihnachten Nacheiferern, ist die die in das Leben derjenigen treten, bei denen ein Teil oder alles in ihrem Leben zerbrochen ist.

Was ist in Deinem Leben zerbrochen? Gesundheit, Partnerschaft, Finanzen, Freundschaftsenttäu-schungen, Beruf, Tod eines Kindes oder eines Angehörigen?

Power of Love von Frankie goes to Hollywood ist das Paradebeispiel für diese Gedanken. Aus tiefster Einsamkeit heraus schrieb er dieses geniale Stück, welches Millionen unter uns berührt. Es spricht in die Tiefe unserer Seele hinein und steht für mich für die Weihnachtsbotschaft.

Wir leben in einer zerbrochenen Welt, in der keiner weiß, was am nächsten Tag ihm oder der Welt geschehen wird.

Ich kenne mehr Menschen, die leiden, als die frei von Leiden sind.

Ein ehemaliger Arbeitgeber sagte vor langer Zeit einst zu mir: „Kerstin sorge dafür, dass Du nie mehr als eine Baustelle in Deinem Leben hast." Oft waren es jedoch mehr als eine.

Christus, der Retter, der Erlöser, unser Heiland, der in jungen Jahren den wahrscheinlich größten Schmerz des eigenen frühen Todes erleben musste, den Verrat, die absolute Ohnmacht. Aber er liebte seine Jünger in ihrer Unvollkommenheit, wie wir Menschen von heute es Ja auch sind.

Er weiß um alle Sünden und Scham, die uns stecken, welche uns von ihm trennen, seine bedingungslose Liebe anzunehmen.

Ich glaube jeder Mensch würde Jesus persönlich lieben, wenn er wüsste, WIE er ist, sanftmütig, demütig. Christus würde uns niemals seinen Willen aufzwingen. Sein Joch ist leicht.

Es ist beinah jenseits unserer Vorstellungskraft, wie Jesus wirklich war und ist und heute wirkt. Aber wir können es nachempfinden durch Menschen wie Frankie, durch Menschen, die selbst Leid erfahren und andere in ihrem Leiden trösten.

Ich sehe viele Menschen, denen nicht bewusst ist, dass Christus in ihnen ist.

Mein früherer Chef ist seit dem 8. Lebensjahr betont Atheist aber in ihm wirkte Christus, ohne dass er geahnt hatte, wie mich seine Aussagen heute noch bewegen und tragen.

Für die die nicht verstehen können, wie sehr man Jesus lieben kann, sage ich. Er verstand das Feiern, siehe die Hochzeit von Kanaa wie die starke Empathie für das Leiden bzw. den Abstieg in die Abgründe in die eigene Seele.

Leid und Freude liegen dicht zusammen. Am Tag, als mein erster Gedichtband erschien, war die Freude unendlich überwältigend. Gleichzeitig am selben Tag hatte eine Katze in unserem Garten einem Vogel den Kopf abgebissen.

Dreizehnter Februar Weltgedenktag des Radios

Warum schreibe ich über Radio? Es begeistert mich heute sehr, als ich erfuhr, dass es einen Weltgedenktag des Radios gibt, der heute stattfindet.

Was hat das mit mir zu tun?

Ohne Persönliches zu erzählen, wird man dies kaum verstehen.

Da meine Mutter alleinerziehend und stets voll berufstätig war, war das Radio immer Mittelpunkt meines jugendlichen Lebens und ist es bis heute.

Nach der Schule und der Erledigung der Hausaufgaben schaltete ich unmittelbar das Radio ein, hör-te Musik und lauschte Berichten, die mich bewegten und berührten. Auch die Hausarbeit und das tägliche Kochen, erschienen mir durch das Radiohören leichter und besser umzusetzen. Alles begann mit dem 11. Lebensjahr.

RTL Luxemburg und zuletzt auch RPR 1 stellten meine Quelle damals dar und ich war fasziniert von den Stimmen der Moderatoren, die mein doch überwiegend sehr einsames Jugendsein sehr be-reicherten. Manchmal rief ich dort auch an, um etwas beizusteuern und irgendwann sprachen sie meine Mutter an, um meine Tagebücher zu veröffentlichen, was meine Mutter glücklicherweise ablehnte.

Das Radio gehört zu den wichtigsten Säulen unseres Lebens und darf nicht verschwinden, sondern muss ausgebaut, gefördert, wertgeschätzt und gefeiert werden.

Es hat Geschichte erlebt, geprägt, gestaltet und was es vor allem tut: es prägt und beeinflusst unsere individuellen Lebensgeschichten in großem Maße.

Marta Romo, die seit fünf Jahrzehnten Radio in Mexiko ausübt, erzählt heute in Domradio, dass das Radio nicht als Konkurrenz zu Facebook, etc. gesehen werden darf, sondern als Teil einer großen Familie geachtet werden sollte.

Wobei das Radio selbstverständlich als Mutter derselben zu sehen ist, da die Anfänge laut Domradio schon in den 1870 er Jahren zu finden sind.

Ein Höhepunkt erlebte ich mit dem Radio folgendermaßen. Es wurden zwei Konzertkarten für Kool and the Gang, SOS-Band und Jazz Band auf der Freilichtbühne der Loreley in Sankt Goarshausen, Rheinland-Pfalz verlost. Ich musste nur beantworten, wie damals die Neuerscheinung der Kassette, die ich nicht besaß, von Kool and the Gang lautete. „Victory", ich wusste es. Wie ein Wunder, rief ich mehrfach bei RPR 1 an und gewann die Karten. Das Konzert besuchte ich mit meiner Mutter und ihrem Bruder, meinem Onkel, der farbige Musik auch liebte.

Dieses Erlebnis, diese 3 Bands live und in Farbe zu erleben, zählt zu den Höhepunkten meines Lebens. Unvergessliche Euphorie begleiteten mich. Es war im Jahre 1987 am 22.08. Ich war 15 Jahre alt. Bis heute erlebe ich dieses Hochgefühl immer wieder, vor allem, wenn ich Kool and the Gang und SOS-Band höre.

Danke Radio!

Marta Romo fährt fort, dass das Radio nie an Bedeutung verlieren wird. Es unterstützt die „Menschlichkeit, die Entwicklung, das Wachstum und regt unsere Phantasie an."

Radio, Oase des Glücks und der Freude, lässt uns zudem Anteil an den Leben unzähliger Menschen, vor allem der Leidenden aber auch der Erfolgreichen, an persönlichen Lebensgeschichten und Men-schen, die die Gesellschaft und Welt gestalten, haben.

Vierzehnter Februar Valentinstag

Laut Wikipedia gibt es drei Valentinslegenden, auf die der heutige Valentinstag zurückzuführen ist: entweder ein Bischof der italienischen Provinz Terni

oder ein Christlicher Märtyrer in Afrika

Geläufige Legende ist die des römischen Priesters, dem Heiligen Valentin, der heimlich Christen getraut haben soll und im dritten Jahrhundert ermordet worden sein soll.

Gemäß der Frankfurter Allgemeinen Zeitung vom 12.02.2019 besingt schon Ophelia in Hamlet von Shakespeare (1600-1601) den Valentinstag! Bis ins Mittelalter sind Spuren des Valentinstages zu finden.

Der Ausdruck Valentin stammt aus dem lateinischen „valere" und bedeutet gesund sein, stark sein.

Gebet:

Mögen alle Liebespaare, unabhängig von ihrer Ausrichtung, ihre Partnerschaft immer wieder stärken und feiern:

Durch konstruktive aufbauende nährende liebevolle Kommunikation

durch bewährte Zeichen ihrer Zuneigung, möglichst täglich, nicht nur am Valentinstag

durch gutes Zuhören

durch eigenständig verbrachte Zeit, welche die Partnerschaft wieder aufleben lässt

durch gemeinsame erlebnisreiche Abenteuer und Events

durch die Investition von Zeit, Energie und Geduld in die Beziehung

durch Vergebung, Nachsicht, Verständnis

durch das Spenden und die Hilfe bei dem gegenseitigen Wachstum

durch gegenseitige Ergänzung

durch die Einsicht eigener Unvollkommenheiten

Mögen alle Kinder stets respektieren und verstehen, dass Eltern Zeit und Energie auch für sich brauchen.

Mögen Eltern immer Unterstützung und Entlastung durch ihre Umwelt bei der Betreuung ihrer Kinder haben, damit sie ihre Zweisamkeit ausleben können.

Heilt gegenseitig Eure alten und aktuellen seelischen Wunden. Wir sind fast alle verletzte Kinder, die nach Liebe schreien.

Möget alle Paare in Krisen immer wieder neue Wege und Möglichkeiten einschlagen sowie den Mut aufbringen, wieder zueinander zu finden, neue Chance dem anderen geben.

In Japan gibt es seit mehr als sechs Jahrhunderten die Tradition des Kintsugi, wobei Bruchstellen von zerbrochenen Gefäßen mit Gold aufgefüllt werden, Sinnbild für ein uns ungewöhnlich erscheinendes Gedankengut.

Mögen Brüche Euch noch mehr zusammenschweißen und Eure Beziehung nach der Überwindung der Schneestürme noch deutlicher als je zuvor zum Strahlen und Glänzen bringen wie Lichtflöck-chen, die täglich vom Himmel fallen.

Amen

Gedicht zum Valentinstag für meinen Mann Gernot und alle Freunde und Paare, die ihre Bindung bewahren und bereichern möchten.

Der römische Priester Valentin

gab sein Leben für Christen hin;

er traute sie im Geheimen,

damit sie ihr Glück nicht mussten versäumen.

Gerne reiche ich Dir meine Hände,

unsere lange Ehe spricht Bände.

Du entzündest mein Seelenfeuer:

mit Dir lebe ich ein Abenteuer!

Ich hab' Dich allzu gern:

Du bist mein Augenstern.

Denk' bitte stets daran:

wir sind ein perfektes Gespann.

Ob Niederlage oder Gewinn,

mit Dir macht Leben Sinn;

Dich zu kennen ist Himmelsmusik

gemeinsam erreichen wir jeden Sieg.

Gerne gebe ich vor Dir zu:

mit Dir liebe ich jedes Rendezvous.

Lass uns Harmoniefäden weben

und viel Schönes miteinander erleben.

Manchmal ist es verzwickt -

wir überwinden jeden Konflikt.

Jede „gefallene Bruchvase"

wandelt sich in eine Goldoase.

Unsere Liebe ist in Gottes Sinn:

sie steht im „Buch der Liebe" drin!

Lass uns vom Himmel führen

und von seinen Wundern anrühren!

Wer sein Leben gibt für Freunde hin,

Zusammengeschweißt wie Bernstein und Stahl,

mögen Menschenfreunde sein an Überzahl!

Be my sweet Valentine:

please be forever mine!

Let' s tell the world a story

about Valentine's and God's glory!

Möge Dir dieser Valentinstag

viele Liebeszeichen bringen mag!

Dass mancher an Dich denkt

und Dir einen Glücksmoment schenkt!

Miteinander in Liebe verwoben

in Gottes Schoss geborgen

an Jesus Hand geführt

aufeinander ausgerichtet und gleichsam das eigene Ich
bewahrend

einander Oasen des Glücks und das Paradies bereitend

einander dienend und verwöhnend

gemeinsam schreitend durch die Zeit und Ewigkeit

Achter März Weltgebetstag

Gebete, die Himmelsmacht

Beten ist gleichsam erste Wahl,

erlaube ich mir täglich viele Mal.

Das Stoßgebet oder eigene Worte

sie öffnen meine Herzens Pforte.

Morgens, mittags, abends, spät

Gott jeden dazu stets einlädt.

Vieler Worte bedarf es nicht,

die kleinste Absicht hat Gewicht.

Im Gebet fühle ich mich geborgen,

lindert es Kummer und auch Sorgen.

Alles lege ich in Gottes Hand:

ist dies jedem schon bekannt?

Gott kann man nie stören,

er vermag jeden anzuhören.

Gleichzeitig ist er überall,

schickt Engel, Mächtige an Zahl.

Wie mein Beten hat mir bewiesen:

positive Effekte sind nachgewiesen.

Kranke werden leichter gesund:

dies tut manche Studie kund.

Beten steht für mich im Vordergrund,

lebe ich es von Kindermund.

Der Himmel ist für alle da,

zeigt sein Wirken meist wunderbar.

Durch unser Loben, Danken, Segnen

können wir Wunder und Glück begegnen.

So segnet Menschen alle Tage:

es hilft uns und ihnen, keine Frage!

Betet nicht nur in der Not

um das tägliche Brot.

Liebt Gott auch im Glücklichsein,

dies soll der Wille sein, dein und mein!

Alles Ungeliebte haltet ihm hin,

wenn es Dir kommt in den Sinn.

Niemals erhältst Du dafür Hiebe,

sondern stets seine bedingungslose Liebe.

Beten geht an jedem Ort,

holt auch andere mit an Bord.

Erzählt von der Riesenkraft,

die allein das Beten schafft.

Ahnen und Heilige sind mächtig,

bete zu Ihnen ganz bedächtig.

Ständig sind sie um uns bemüht,

damit kein Königskind verloren geht.

Gebete erfüllen sich oft über Menschenkinder,

die plötzlich erscheinen, um Not zu lindern.

Du bleibst für immer in Gottes Sinn:

er zeigt Dir den Weg, egal wohin!

Wahre Vollkommenheit

Indem Du Dich dem Leben schenkst

mit allem, was Du bist

erkennst Du den Schöpfer Deines Seins

Jedes Blütenblatt Deiner vielschichtigen Persönlichkeit

wurde von ihm perfekt geschaffen –

auch das, was Du manchmal lieber verbergen würdest.

Jedes ist im Licht des Höchsten gewollt

und wird hier gebraucht wirklich jedes!

Marina Kaiser

Einundzwanzigster März Welt-Down-Syndrom-Tag

Sie ist verständig und voller Mut:

sieh', wieviel Gutes sie allen tut!

Sie manchen Scheuen verwandeln konnte,

er erweiterte dabei seine Horizonte.

Obgleich sie kämpft und rennt

mancher ihren Wert verkennt.

Lasst uns feiern ihre Lebensfreude,

in Achtung ich mich vor ihr verbeuge!

Vielerorts werden sie stigmatisiert;

hat jemand ihre Süße bereits probiert?

So viel können sie uns schenken,

lasst unser alle Köpfe niemals senken!

Wenngleich die Meinungen auseinanderklaffen,

nicht nur Sami Ramy vermag viel zu schaffen!

Bereits im Alter von 17 Jahr'

war ihr ein Unrecht in Ägypten ganz gewahr.

Dem Bildungsminister vermittelte sie keck:

„lasst Schimpfworte über uns weg!"

Der Biologieunterricht profitierte davon

und weltweit jede eingeschränkte Person!

Anmerkung Kerstin: in Ägypten wurden bis zu dem Tag, als Samy sich einsetzte, Kinder mit Downeigenschaft als „mongolische Trottel" im Biologie Lehrplan genannt.

Gebet:

Mögen alle Wesen Menschen mit Down Eigenschaft achten, ihnen respektvoll begegnen, ihre Vorurteile beiseiteschieben, erkennen, welch großartige Seelen in ihnen leben.

Mögen Frauen den Mut aufbringen, sie liebevoll zu erziehen.

Möge die Politik die richtigen Weichen stellen, damit Frauen genug Unterstützung erhalten, die Kinder in einem großen sozialen Netz großzuziehen.

Zweiundzwanzigster März Weltwassertag

„Was wir wissen, ist ein Tropfen, was wir nicht wissen, ist ein Ozean." Isaac Newton

Wasser, die endlose Ressource unseres Lebens?

Was man hierzulande oft vergisst,

wie selbstverständlich Wasser für uns ist.

Ob beim Duschen oder Tee

man möge Wasser mit vielen Augen sehen!

In fast allen Religionen

ist zu betonen:

Wasser als Ritual gilt

Karfreitag

Die letzte Worte Jesu Christi am Kreuz: "Mein Gott, warum hast Du mich verlassen?"

Nur scheinbar hat Gott Jesus am Kreuz verlassen. Für manchen, ein Grund an Gottes Allmacht zu zweifeln.

Es gibt Umstände, die sind so schmerzhaft und unerträglich, wie eine über mehrere Tage anhaltende Kreuzigung,

der Tod seines Kindes vor allem

und ebenso seiner Lieben,

starke chronische körperliche Schmerzen,

seelische Grausamkeit,

Isolation und Einsamkeit,

Bürgerkriege, Weltkriege,

Leidzustände, die Gott angeblich zugelassen hat,

Leiden vor einem Suizid, etc.

Jeder kennt wahrscheinlich Situationen, in denen er sich mutterseelenallein, von Gott und den Men-schen verlassen gefühlt hat.

Christus sagt an einer Stelle, dass er weiß, dass wir viele Qualen auf der Erde erleben werden.

Seine letzten Worte, bringen zum Ausdruck, dass er ganz Mensch werden musste und nur dadurch uns Menschenkindern Nähe und Verständnis in unseren heutigen Lebenslagen spenden kann.

Wäre alles leicht verlaufen, wäre er heute kaum die Bezugsperson und Ansprechpartner für diejenigen unter uns, die Schweres mitmachen müssen.

Christi Ausdruck am Kreuz ist Gottes ultimativer Liebensbeweis an uns.

Ich bete, dass Sie sich nie allein in ihren leidvollen Wegen fühlen mögen und wie unser Freund Manfred es ausdrückte, dass immer jemand eine Kerze für sie wird, die der stärkste Wind nicht löschen kann!

Gebet von Marina Kaiser, welches ich passend zu Karfreitag und generell empfinde.

Ja, mein geliebtes Wesen,

ICH will Dir antworten - jetzt gleich sofort -

und immer wieder - überall -antworte ICH dir!

ICH kenne deine Fragen, deine Sorgen...

ICH sehe dein verzweifeltes Ringen, dein Suchen...

ICH verstehe deinen Schmerz so gut,

und ich weiß um deine tiefe Sehnsucht,

mich ganz deutlich fühlbar zu erleben!

Du willst MICH sehen, hören, fühlen

mit deinen Augen, Ohren, Händen.

Du wünschst Dir, MEINE Umarmung

,,richtig körperlich" zu spüren.

ICH weiß, mein Liebes, und Ich versichere dir:

ICH sende dir Menschen (und nicht nur einen!),

in denen du MICH sehen, hören und fühlen kannst.

ICH gestalte dir ZU-Fälle, in denen dir auf-fällt,

dass das, was dir zu-fällt, von MIR geschickt ist.

ICH gebe dir Ein-Fälle, die durch Raum und Zeit

als Ideen und Gedankenblitze in dich ein-fallen.

ICH lasse Dich fühlen, dass meine Liebe

dich trägt, stärkt, stützt und hält.

Erwarte MICH! JETZT... und immer wieder ...

MICH, die unendliche LIEBE des LEBENs,

(du kannst auch „GOTT" zu MIR sagen)

Ostern

In welchem Bereich, inwiefern sind Sie schon aus ihrer individuellen Gefangenschaft ausgezogen oder befreit worden?

Unser christliches Osterfest stammt aus dem jüdischen Pessahfest, das an diesen Auszug der Israeli-ten erinnern soll.

Falls Sie sich noch nicht befreit fühlen, Jesus Christus bewies durch seine Auferweckung, dass jedes Individuum täglich einen Neuanfang starten kann bzw. seine eigene Auferstehung erleben kann.

In meinem Leben gab und gibt es viele Situationen, Umstände, aus denen Jesus mich gerettet hat und täglich rettet.

Aus tiefster Verzweiflung und Kummer mussten Maria, Johannes, Christis Lieblingsjünger und Ma-ria Magdalena mitansehen, wie Jesus grausam gekreuzigt wurde. Dies muss zunächst für alle ohne die Beweise seiner Auferstehung später als Scheitern gewirkt haben.

Christus war nach 3 Tagen auferstanden, es war 3 Tage Finsternis und der Vorhang des Jerusalemer Tempels riss, was dafürsteht, dass Christus für alle seit seinem Heimgang zugänglich ist (Prof. Ru-dolf Laufen in Domradio)

Wir feiern täglich unsere Auferstehung, wenn

ein Nachbar in der Not uns ein Essen schenkt,

ein Fremder oder Bekannter Dich freundlich grüßt,

jemand eine Situation validiert,

jemand empathisch ist

ein Lied im Radio gespielt wird, welches die eigene Situation spiegelt,

eine Kollegin einen Fall für Dich übernimmt,

eine Seniorin eine selbst gemachte Marmelade bringt

ein Gebet fruchtet und spürbar wird,

man die große Liebe nach langer Einsamkeit findet, etc.

Freunde die Hände zum Frieden gereicht werden, in Nachbarschaft, Politik, Familie, Freundeskreis.

Als ich ein Tag nach Frere Rogers Tod auf dem Weg zu meiner Arbeit I 'll always love you von Dolly Parton hörte, tröstete dies mich in meiner Trauer sehr. Jeder ist in Gottes Liebe eingebettet: Ich werde Euch immer lieben..., sagte er damit.

An diesem Osterfest 2019 ist meine Freude durch die Anschläge in Sri Lanka getrübt. Es scheint, dass das Böse uns immer wieder einen Dämpfer geben möchte, so erlebe ich es oft.

Eine Ordensfrau sprach zu mir, dass alles einen Sinn habe, es gäbe nichts ohne Sinn.

Ich würde es, was mein Leben betrifft, so formulieren, dass nicht alles, was Tragisches geschieht, einen Sinn hat. Christus kann jedoch nachträglich allem einen Sinn verleihen, wenn man sich für die Liebe öffnet und einen Vertrauensschritt ins Ungewisse wagt.

Johannes 16,33 dies habe ich mit euch geredet, damit ihr Frieden in mir habt. In der Welt habt Ihr Angst aber seid getrost, ich habe die Welt überwunden.

Johannes 14,27: Frieden lass ich Euch, meinen Frieden gebe ich Euch. Nicht gebe ich Euch, wie die Welt gibt. Euer Herz erschrecke nicht und fürchte sich nicht.

Matthäus. Selig sind die, die Frieden schaffen, denn sie werden Gottes Kinder heißen.

Gebet:

Mögest Du die österliche Freude täglich spüren und geschützt sein vor dem Unbill dieser Welt, der diese Freude und diesen Frieden aus dem Gleichgewicht bringen möchte.

Mögest Du jeden Tag Deine eigene Auferstehung begrü-
ßen und feiern können.

Ostern nach Marina Kaiser

Ostern

lasst uns Kraft und Segen geben

in die Auferstehung all dessen,

was in uns nach langer Zeit

oder neu geboren …

ans Licht kommen möchte!

Ostern - lasst uns gemeinsam staunen

über das unvorhergesehene Wunderbare

im Kleinen und Großen,

was unser Verstand nicht begreifen und nicht bewirken
kann …

Ostern - lasst uns feiern und würdigen:

die Kraft der unendlichen Möglichkeiten.

Pfingsten 50. Tag nach Ostern

Gegen 5 Uhr morgens früh wurde ich wach und mir fiel
ein, etwas Verrücktes zu tun, und zwar ei-ner ehemaligen
WG-Bewohnerin per WhatsApp zu danken, für das, was
sie einst für mich getan hat. Eigentlich sind wir recht un-
terschiedlich vom Temperament wie Einstellung zum
Glauben, da sie konsequente Atheistin ist.

Sie hat jedoch ihren Anteil an dem, wie heute bin.

Ihre Reaktion habe ich augenblicklich noch nicht.

Der Zeitdruck, dem wir alle in unserer Ellbogengesellschaft unterliegen, führt dazu, dass wir kaum noch qualitative Zeit miteinander verbringen.

Wer hat für den anderen ein gutes Wort übrig?

Die Dame, die das Leiden meiner alten Bekannten A. einst validie11e, war der erste Anstoß für mein Gedichtband: meine Schätze für Euch. Christliche Poesie und anderes Schönes. Dieser eine Satz begleitete A. ein Leben lang und sie sprach immer wieder davon!

Ein Beweis für das Wirken des Heiligen Geistes spiegelte sich in der Agneskirche in Köln, in der ich vor Liebeskummer kniend auf der Kirchenbank bitterliche Tränen weinte.

Plötzlich hörte ich das Schluchzen einer Frau in der Ecke. Ich wandte mich ihr zu und mir fiel so-fort auf, dass sie im Winter Sommerschuhe trug. Sie war obdachlos.

Vom Breslauer Weltjugendtreffen wusste ich, wie schlimm es ist, bei Minus 17 Grad nicht das Geld für eine angemessene Winterkleidung zu haben. Ich fror dort unendlich.

So beschloss ich mit ihr Schuhe kaufen zu gehen. Mir war klar, dass ich meinen Dispo dafür überziehen musste aber wir betraten gemeinsam ein Schuhgeschäft.

Die Schuhverkäuferin weigerte sich zunächst, uns zu bedienen. Aus Ekel über die mangelnde Hygiene der obdachlosen Frau

Ich bestand jedoch darauf, mit Einmalsöckchen ihr zu Schuhen zu verhelfen und es gelang uns. Eine andere WG-Mitbewohnerin spendierte die Socken.

Der Heilige Geist lenkte mich so von meinem Liebeskummer ab gemäß dem Spruch: ,,Wenn Du keine Schuhe hast, sieh auf den, der keine Füße hat."

Ein entscheidendes Problem, was ich sehe, wovon James Blunt in seinem Lied: Bonfire heart singt: die Welt wird kälter, keiner sieht Dir mehr in die Augen, ist, dass Menschen, ich schließe mich ein, Sorge haben, etwas Aufbauendes zu sagen, da man Sorge hat, in Beschlag genommen zu werden bzw. Erwartungen, die man weckt, nicht erfüllen zu können.

Inzwischen ist die Bedürftigkeit vieler Menschen so groß, dass diese Sorge berechtigt ist aber wie ich meine Schwiegermutter und ich zu sagen pflegten: man kann sich liebevoll abgrenzen oder vor-bringen, die Zeitspanne, die man zur Verfügung hat für ein Gespräch oder Hilfedienst.

Meine ehemalige WG-Bewohnerin freute sich sehr, dass ich mich bei ihr meldete und wunderte sich, dass ich mich noch an alles erinnern, was sie mir Gutes getan hat.

In der Nacht von Pfingstsonntag auf Pfingstmontag wurde ich mit Schrecken wach und wusste nicht wovon.

Als mein Mann und ich einen Ausflug machen wollten, stellten wir mit Entsetzen fest, dass ein Au-toreifen zerstochen wurde.

,,es ist die höchste Lebenskunst, sich immer wieder an neue Lebensumstände anpassen."

Wir brauchen den Heiligen Geist Christi, um diese Situationen zu bewältigen und vor allem hilfsbereite Menschen, die Nächstenliebe praktizieren bzw. ihre Lebensaufgabe wahrnehmen. Ich liebe das Lied Karat von „blauer Planet".

Darin singt er uns hilft kein Gott, unsere Welt zu erhalten.

Das müsste mir eigentlich als Christin aufstoßen.

Wir Menschen mit w1serem göttlichem Funken brauchen Mitmenschen, die uns in allen denkbaren Notsituationen helfen.

Eine liebe Nachbarin brachte uns zeitgleich, als wir mit dem Abschleppwagen unterwegs waren, etwas Selbstgebackenes vorbei. Es ist das Christusnetz nach Sifu Marcus Senz, das morphogeneti-sche Feld, die Interwelt, das Universum mit seinen Engeln, die für jeden jederzeit ansprechbar und zu Diensten ist, auch wenn dies sehr esoterisch klingen mag.

Alles funktionierte im Handumdrehen am Pfingstmontag. Der Mann vom Abschleppdienst nahm uns wieder mit zurück nach Abgabe des Autos in unserer Werkstatt. Wir brauchten so keinen Bus zu nehmen. Welch Wunder!

Zwölfter Juni Welttag gegen Kinderarbeit

152 Millionen Kinder an Zahl

haben nicht die Qual der Wahl.

Ihr Leben zeigt sich tränenschwer:

Kinderarbeit ist grob unfair!

Ob Textil oder im Müllberg

nie endet ihr Tageswerk.

Warum Muss das alles geschehen

wer kümmert sich um ihr Wohlergehen.

Eltern, die sind klamm finanziell;

doch Kinder möchten ins Karussell.

Spielen, tanzen, tränen

Unbeschwertheit niemals versäumen!

Früh werden sie krank und alt

ausgebeutet und schlecht bezahlt.

Als Kindersoldat oder für seltene Erden

was soll aus ihnen werden?

Kinder mögen sein autark

stark sein bis ins Knochenmark.

Auch in Schulen behandelt sie gut,

damit sie lernen Wagemut!

Deutsch

Zum Abschied

Es bereitet mir viel Wohlbehagen
Dir zum Abschied diese Worte zu sagen.
Seit sich dein Boot löste vom Steg,
bin ich einsam auf meinem Weg.

Vielleicht gab es Abschied, vielleicht nicht –
Das Leben erscheint nun in neuem Licht
Unsere Zeit werde ich nie bedauern,
lass' ich zu darüber zu trauen.

Wie lange wird das Leiden währen?
Wovon kann meine Seele zehren?
Obwohl gewesen manches Wortgefecht,
bleibt ewig unser Herzensgeflecht.

Nachts sehe ich das Sternenzelt -
Harmonie herrscht in deiner Welt.
Ich winke dir zu mit Güte und Milde,
während du entdeckst neue Gefilde.

Gewiss werden wir uns wiedersehen,

wenn's passiert, ist's kein Versehen.

Wenn man sich in die Augen schaut,

sind wir uns wieder sehr vertraut.

Mein Kummer ist nicht zu ermessen,

unsere Zeit bleibt unvergessen.

Viele Fragen sind noch offen -

Inneren Frieden möchte ich erhoffen.

Tiefe Geborgenheit möge dich erfüllen,

ein Friedensmantel dich sanft umhüllen.

Dem warmen Kerzenschein vertrau' dich an.

Der Himmel ist dir stets treu zugetan.

Achtung und Respekt ich dir zoll',

Du bleibst einmalig und würdevoll.

Für dich wird es geben niemals Ersatz,

unsere Zeit brachte hervor einen reichen Schatz.

Erscheint die Welt auch noch so trist,

weil Du nicht mehr bei uns bist,

du findest es bestimmt nicht schön,

würdest Du uns traurig seh'n.

Wir wissen, du wärst sehr erfreut,

dass wir zusammenfinden, heut',

drum möchten wir was klänen, trinken lachen

Eben ganz nett -

so, wie es Dir auch gefallen hätt'.

In Gedanken sind wir oft bei Dir

und so schwer es uns auch fällt,

wir wünschen Dir von Herzen alles Liebe und Gute in Deiner neuen Welt

Gertrud Servo für ihre heimgegangen Mutter 2000

Français

En guise d'adieu

Je me sens très à l'aise
De te dire ces mots d'adieu.
Depuis que ton bateau s'est détaché du ponton,
je suis seul sur mon chemin.

Peut-être y a-t-il eu des adieux, peut-être pas -
La vie apparaît maintenant sous un jour nouveau
Je ne regretterai jamais notre époque,
Je me laisse aller à la confiance.

Combien de temps la souffrance durera-t-elle ?
De quoi mon âme peut-elle se nourrir ?
Bien qu'il y ait eu des querelles de mots,
nos cœurs restent à jamais unis.

La nuit, je vois la voûte étoilée.
L'harmonie règne dans ton monde.
Je te fais signe avec bonté et douceur,
tandis que tu découvres de nouveaux horizons.

Nous nous reverrons certainement,
si cela arrive, ce n'est pas une erreur.
Quand on se regarde dans les yeux,
nous sommes à nouveau très familiers.

Mon chagrin est incommensurable,
notre temps reste inoubliable.
Beaucoup de questions restent sans réponse.
Je veux espérer la paix intérieure.

Qu'un profond sentiment de sécurité te remplisse,
Un manteau de paix t'enveloppera doucement.
Confie-toi à la lumière chaude des bougies.
Le ciel t'est toujours fidèle.

Je te témoigne respect et considération,
Tu restes unique et digne.
Tu ne seras jamais remplacé,
Notre époque a produit un riche trésor.

Même si le monde semble triste,

parce que tu n'es plus avec nous,

tu ne le trouves certainement pas beau,

tu nous verrais tristes.

Nous savons que tu serais très heureux,

que nous soyons ensemble aujourd'hui,

C'est pourquoi nous aimerions faire des projets, boire et rire.

Et tout cela en toute simplicité.

comme tu l'aurais fait.

Nous sommes souvent avec toi en pensée

et même si c'est difficile pour nous,

Nous te souhaitons de tout cœur tout l'amour et le bonheur possible dans ton nouveau monde.

Gertrud Servo pour sa mère décédée en 2000

English

Farewell

It gives me great pleasure

to say goodbye to you with these words.

Since your boat broke away from the jetty,

I am lonely on my way.

Perhaps there was a farewell, perhaps not -

Life now appears in a new light

I will never regret our time,

I'll allow myself to trust it.

How long will the suffering last?

What can my soul feed on?

Although there have been many a battle of words

our heart's web remains eternal.

At night I see the canopy of stars -

Harmony reigns in your world.

I wave to you with kindness and gentleness,

while you discover new realms.

Surely we will meet again,

if it happens, it's not an accident.

When we look into each other's eyes,

we are very familiar again.

My sorrow cannot be measured,

our time remains unforgotten.

Many questions are still unanswered -

I would like to hope for inner peace.

May deep security fill you,

a mantle of peace gently envelop you.

Entrust yourself to the warm candlelight.

Heaven is always faithful to you.

I honour and respect you,

You remain unique and dignified.

There will never be a replacement for you,

our time brought forth a rich treasure.

No matter how dreary the world may seem,

because you are no longer with us,

you certainly don't like it,

you would see us sad.

We know you would be very happy

that we could get together today,

so we'd like to have a drink and a laugh

Just nice -

just the way you would have liked it.

Our thoughts are often with you

and as difficult as it is for us,

we wish you all the best and love in your new world

Gertrud Servo for her deceased mother 2000

Espanol

Como Despendida

Es para mí un gran placer

despedirme de ustedes con estas palabras.

Desde que tu barco se separó del embarcadero,

estoy solo en mi camino.

Tal vez hubo una despedida, tal vez no -

La vida aparece ahora bajo una nueva luz

Nunca lamentaré nuestro tiempo

me permitiré confiar en ello.

¿Cuánto durará el sufrimiento?

¿De qué puede alimentarse mi alma?

Aunque ha habido muchas batallas de palabras

la red de nuestros corazones permanece eterna.

Por la noche veo el dosel de estrellas -

La armonía reina en tu mundo.

Te saludo con amabilidad y gentileza

mientras descubres nuevos reinos.

Seguramente nos volveremos a encontrar,

si sucede, no es un accidente.

Cuando nos miramos a los ojos,

volvemos a ser muy familiares.

Mi dolor no se puede medir,

nuestro tiempo permanece sin olvidar.

Muchas preguntas siguen sin respuesta.

Quisiera desear paz interior.

Que una profunda seguridad te llene,

un manto de paz te envuelva suavemente.

Confíate a la cálida luz de las velas.

El Cielo siempre te es fiel.

Te honra y te respeta,

Tú sigues siendo única y digna.

Nunca habrá un sustituto para ti,

nuestro tiempo trajo un rico tesoro.

No importa lo triste que pueda parecer el mundo,

porque ya no estás con nosotros,

ciertamente no te gusta,

nos verías tristes.

Sabemos que estarías muy feliz

de que pudiéramos reunirnos hoy,

así que nos gustaría tomar una copa y reír.

Simplemente agradable -

tal y como te hubiera gustado.

Nuestros pensamientos están a menudo contigo

y por difícil que sea para nosotros

te deseamos todo lo mejor y amor en tu nuevo mundo

Gertrud Servo para su difunta madre 2000

по-русски

Прощание

Мне очень приятно

попрощаться с вами этими словами.

С тех пор как ваша лодка оторвалась от причала,

я одинок в своем пути.

Возможно, это было прощание, возможно, нет -

Теперь жизнь предстает в новом свете.

Я никогда не буду сожалеть о том, что мы были вместе,

Я позволю себе довериться ему.

Как долго будут длиться страдания?

Чем может питаться моя душа?

Хотя было много словесных битв.

наша сердечная паутина остается вечной.

Ночью я вижу полог из звезд -

В вашем мире царит гармония.

Я машу вам рукой с добротой и нежностью,

пока вы открываете новые миры.

Мы обязательно встретимся снова,

Если это произойдет, то не случайно.

Когда мы смотрим друг другу в глаза,

мы снова становимся очень знакомыми.

Мою печаль невозможно измерить,

наше время не забыто.

Многие вопросы до сих пор остаются без ответа.

Я хотел бы надеяться на внутренний мир.

Пусть глубокая безопасность наполнит вас,

мантия мира нежно окутает вас.

Доверьтесь теплому свету свечей.

Небеса всегда верны вам.

Я чту и уважаю вас,

Вы остаетесь уникальной и достойной.

Вам никогда не будет замены,

наше время принесло богатое сокровище.

Каким бы мрачным ни казался мир,

потому что вас больше нет с нами,

вам это точно не понравится,

вы бы видели нас грустными.

Мы знаем, что вы были бы очень счастливы.

что мы можем встретиться сегодня,

поэтому мы хотели бы выпить и посмеяться.

Просто мило -

так, как вам бы понравилось.

Наши мысли часто с вами.

и как бы тяжело нам ни было,

мы желаем вам всего самого лучшего и любви в вашем новом мире.

Гертруда Серво для своей покойной матери 2000 г.

Svenska

Farväl

Det är en stor glädje för mig

att säga adjö till dig med dessa ord.

Sedan din båt bröt sig loss från bryggan,

är jag ensam på min väg.

Kanske var det ett farväl, kanske inte -

Livet framstår nu i ett nytt ljus

Jag kommer aldrig att ångra vår tid,

Jag tillåter mig själv att lita på den.

Hur länge kommer lidandet att vara?

Vad kan min själ livnära sig på?

Även om det har varit många strider om ord

förblir vårt hjärtas nät evigt.

På natten ser jag stjärnhimlen...

Harmoni regerar i din värld.

Jag vinkar till dig med vänlighet och mildhet,

medan du upptäcker nya riken.

Säkert kommer vi att mötas igen,

om det händer, är det inte en olycka.

När vi ser in i varandras ögon,

är vi väldigt bekanta igen.

Min sorg kan inte mätas,

vår tid förblir oförglömlig.

Många frågor är fortfarande obesvarade -

Jag skulle vilja hoppas på inre frid.

Må djup säkerhet fylla dig,

en mantel av frid försiktigt omsluta dig.

Förlita dig på det varma ljuset från stearinljusen.

Himlen är dig alltid trogen.

Jag hedrar och respekterar dig,

Du förblir unik och värdig.

Det kommer aldrig att finnas en ersättare för dig,

Vår tid har frambringat en rik skatt.

Oavsett hur tråkig världen kan verka,

för att du inte längre är med oss,

så gillar du det verkligen inte,

du skulle se oss ledsna.

Vi vet att du skulle vara mycket glad

att vi kunde träffas idag,

så vi skulle vilja ta en drink och skratta.

Bara trevligt -

precis som du skulle ha velat ha det.

Våra tankar är ofta med dig

och hur svårt det än är för oss,

önskar vi dig allt gott och kärlek i din nya värld

Gertrud Servo för sin avlidna mor 2000

Português

Despedida

É com grande prazer
despedir-me de vós com estas palavras.
Desde que o vosso barco se afastou do cais,
sinto-me só no meu caminho.

Talvez tenha havido uma despedida, talvez não -
A vida aparece agora sob uma nova luz
Nunca me arrependerei do nosso tempo,
Permitir-me-ei confiar nele.

Quanto tempo durará o sofrimento?
De que é que a minha alma se pode alimentar?
Embora tenha havido muitas batalhas de palavras
a teia do nosso coração permanece eterna.

À noite vejo a copa das estrelas -
A harmonia reina no teu mundo.
Eu aceno para ti com bondade e gentileza,
enquanto descobres novos reinos.

De certeza que nos voltaremos a encontrar,

se isso acontecer, não será por acaso.

Quando olhamos nos olhos um do outro,

voltamos a ser muito familiares.

A minha dor não pode ser medida,

o nosso tempo permanece inesquecível.

Muitas perguntas continuam sem resposta.

Gostaria de desejar uma paz interior.

Que a segurança profunda vos encha,

um manto de paz vos envolva suavemente.

Confia-te à luz quente das velas.

O céu é sempre fiel a ti.

Eu honro-te e respeito-te,

Tu permaneces único e digno.

Nunca haverá um substituto para ti,

o nosso tempo trouxe um rico tesouro.

Por mais triste que o mundo possa parecer,

porque já não estás entre nós,

certamente não te agrada,

ver-nos-iam tristes.

Sabemos que ficarias muito feliz

por nos podermos encontrar hoje,

por isso gostaríamos de tomar uma bebida e rir

Muito bem -

tal como tu terias gostado.

Os nossos pensamentos estão sempre convosco

e por mais difícil que seja para nós,

desejamos-lhe as maiores felicidades e amor no seu novo mundo

Gertrud Servo para a sua falecida mãe 2000

Polska

Pożegnanie

To dla mnie wielka przyjemność
pożegnać się z wami tymi słowami.
Odkąd twoja łódź oderwała się od nabrzeża,
jestem samotny w drodze.

Być może było to pożegnanie, być może nie...
Życie jawi się teraz w nowym świetle
Nigdy nie będę żałował naszego czasu,
Pozwolę sobie zaufać temu.

Jak długo będzie trwać cierpienie?
Czym może karmić się moja dusza?
Chociaż było wiele bitew na słowa
sieć naszych serc pozostaje wieczna.

Nocą widzę baldachim z gwiazd.
Harmonia panuje w twoim świecie.
Macham do ciebie z dobrocią i łagodnością,
podczas gdy ty odkrywasz nowe krainy.

Z pewnością spotkamy się ponownie,

jeśli tak się stanie, to nie przez przypadek.

Kiedy patrzymy sobie w oczy,

znów jesteśmy sobie bardzo bliscy.

Mojego smutku nie da się zmierzyć,

nasz czas pozostaje niezapomniany.

Wiele pytań wciąż pozostaje bez odpowiedzi.

Chciałbym mieć nadzieję na wewnętrzny spokój.

Niech wypełni Cię głębokie bezpieczeństwo,

płaszcz spokoju delikatnie Cię otuli.

Powierz się ciepłemu światłu świec.

Niebo jest ci zawsze wierne.

Czczę cię i szanuję,

Pozostajesz wyjątkowy i godny.

Nigdy nikt cię nie zastąpi,

Nasz czas przyniósł bogaty skarb.

Bez względu na to, jak ponury może wydawać się świat,

ponieważ nie jesteś już z nami,

na pewno ci się to nie podoba,

widziałbyś nas smutnych.

Wiemy, że byłbyś bardzo szczęśliwy

że możemy się dziś spotkać,

więc chcielibyśmy się napić i pośmiać

Po prostu miło -

Tak jak byś chciał.

Nasze myśli są często z Tobą

i choć jest to dla nas trudne,

życzymy wszystkiego najlepszego i miłości w nowym świe-
cie.

Gertrud Servo dla zmarłej matki 2000

Latin

Carmen dissessi

Mihi valde placet

Tibi dicere discendens haec verba.

Ex illo tempore, cum navis tuus e portu profecta est,

Deserta sum in via mea.

Fortasse discedimus, fortasse non -

Vita mea nunc mutata videtur.

Numquam dolebo tempus, quod egimus una,

Si luctum de eo admitto.

Quamdiu permanebit miseria?

Quod alet animam mean?

Quamquam nonnumquam litigaveramus,

Permanebit concordia nostra.

Noctu caelum stellatum video –

In mundo tuo regnat serenitas.

Signum nutu tibi do benigne et leniter

Dum tu invernis terras novas.

Certe nos videbimus,

Si accidit, casu non est.

Si in oculos nos spectamus,

lterum valde familiares sumus.

Fieri non potest, ut aegritudo mea metiatur,

tempus nostrum numquam obliviscatur.

Adhuc manent multae quaestiones,

spero pacem intestinam habere.

Te compleat serenitas profunda,

te velet leniter pallium pacis.

Crede te luci cereorum calido.

Caelum semper te faveat.

Reverentiam et aestimotionem tibi praesto.

Sper erus unicus et gravis

Te compensare numquam poterismus,

Tempus nostrum thesaurum dicem creavit.

Freiheit für Frieden
für das goldene Zeitalter

Corona Update

Werde nicht von Corona hysterisch zu sehr,
es ist nicht mehr als eine Grippe mittelschwer.
Die jährliche Influenza tötet viel mehr,
da vermeldetet Ihr keinen einzigen toten mehr.

Niemand hat ständlich Todeszahlen öffentlich gemacht.
Fragt Euch mal „Cui Bono" wer wohl darüber lacht.

So frag Dich mal wem hilft das sehr,
wenn es gibt keine freiheits- und Bürgerrechte mehr?
Wenn die alten und Kranken sterben und die Erde verlassen.
Das entlastet so schön die Rentenkassen.
Wer profitiert wenn kleine und mittlere Firmen schließen.
Bald Shops von Aktionarsketten aus dem Boden schiessen.

So frag Dich mal wer erzählt Dir die wahre Geschichte.
Wie auch immer denkst Du noch selbst wer biste?
Bleib ganz bei Dir und mach Dir klar,
zusammen schaffen wir eine neue Welt einfach wunderbar.
Lasst die Corona Krise wie unwirklich sie auch sein mag,
von einer neuen besseren Welt sein der Allererste Tag.

Refrain
Freiheit, Gerechtigkeit, Friede für uns alle,
tappt nicht in die Tyrannenfalle!
Zu einem besseren Ort wandeln wir die Welt,
in der es jedem zu leben gefällt.
Laßt uns handeln im Hier und Jetzt,
denn wir sind miteinander verbunden und vernetzt!

1.
Wer kämpft für unser Menschenrecht,
Jeder möchte leben recht nicht schlecht!
Auf einer gerechten Erde lasst uns leben,
ein Jeder kann sein Bestes geben!

2.
Was ist mit denen, die sind superreich,
behandeln Mädchen und Frauen wie Objekte aus Fleisch?
Wer sagt, wir sind eine Last,
die Du als Sklave zu tragen hast!?
und nehmen alles aus dem System
und wir übrigen bleiben im Regen stehn!

3.
Niemals werden wir unser Bestreben beenden
sondern alles gewaltlos zum Guten wenden
Unsere Mahen gelten klarer Luft und sauberem Wasser für die ganze Welt,
nicht Jeder weiß, wie es wirklich ist bestellt.

4.

Vereinigt Euch miteinander klug und weltweit,
es ist nicht, wie sie uns erzählten jederzeit.
Laßt uns Neues in Stein meißeln
und eine gute Ordnung erreichen.

5.

Wir können unsere Talente teilen,
geben, statt immer im Alten verweilen!
Sei Du der Wandel, bring Dich ein,
schenken kann schöner als nehmen sein.

6.

Gut und fürsorglich können unsere Bauern uns ernähren;
Wir weigern uns Pestizide und Antibiotika zu verzehren.
Der kleinste Bauer kann es besser machen,
als die Agrarindustrie mit ihren Giftsachen.

7.

Wir wollen niemals Krieg noch Bürgerkrieg
das wäre für manche Mächtige der ideale Sieg.
In Frieden und Liebe sehnen wir uns zu leben,
das streben wir an zu erleben und unserem Planeten geben.

8.

Menschen, Tiere, Pflanzen und Natur:
alles ist wunderbar; laßt es in Ruhe nur!
Alt und Jung, alle Rassen haltet zusammen,
jetzt wird in eine neue Zeit gegangen!

9.

Wir plädieren für Medizin, die richtig heilt
und nicht nur die Aktienwerte von „Big Pharma" in die Höhe treibt.
Keine Sanktionen mehr, um Nationen zu unterwerfen,
wann werdet ihr die Sinne dafür schärfen?

10.

Was wir kaufen und wohin wir gehen Ihr wissts, Ihr seid so schlau.
Schluß jetzt mit Überwachung und dem Großen Datenklau.

11.

Laßt Euch nicht reinlegen von den Industrien,
sie bewahren alle neue Technologien.
wir verlangen nach sauberer Energie bei Tag und Nacht
und nicht, womit Ihr das größte Geld gern macht.

12.

Frauen brannten im Mittelalter auf dem Scheiterhaufen,
warum so viele heute den Kirchen weglaufen?
Ihr verliert Eure Macht, Ihr kommt zu Fall
wenn keine Frau wird Priesterin, Papst, Bischof oder Kardinal.

13.

Auch Menschen mit Handicap haben größten Wert,
so ist es sicher und nicht umgekehrt.
Sie sind wertvoll und tun uns gut,
schenkt allen Menschenkindern zurück den Mut.

14.

Eine Wohnung muss bezahlbar sein,
in Eurem Schloß wollen wir gar nicht sein.
Stoppt Spekulationen, auf was man braucht zum Leben
Gier und destruktive Macht sind nicht unser Bestreben.

15.

Liebe Dich selbst, das Universum, Die Macht der Liebe und diese Drei:
Deinen Körper, Deinen Geist und die Seele und du bist ewig frei.
Dieses ist nun unser letzter Reim,
Alles existiert aus Liebe vom Göttlichen Bewusstsein.

16.

Damit alles wieder gerät in Balance,
sehen wir Bedingungsloses Grundeinkommen als größte Chance
Das Geld dafür ist schon lange da,
ja wohl das ist recht und wahr!

17.

Regionale Währungen bewahren die Welt vor Zerfall,
eine Weltwährung wäre die größte Qual.
Wirklich Gutes stammt nicht exklusiv von Großkonzernen
für handgemachtes, Dienste und reines Essen können wir unsere Herzen erwärmen.

18.

Füttert nicht Giganten mit unserem Steuergeld
Imker- nicht Industrie Honig ist, das was, die Moral aufrecht halt
Von unserer Hände möchten wir gut und gerne leben
nach Liebe, Gerechtigkeit und Wahrheit streben.

19.

Coronaopfer werden gezwungen gottergeben,
ihr kostbarstes Wohl und Leben herzugeben.
In ihrem Gedenken laßt uns streben,
die beste Zukunft zu gestalten und zu erleben!

20.

Muslime, Christen, Juden, Hindus, Buddhisten haltet zusammen,
lasst einander beistehen und halten in liebenden Armen.
Und die, die ihr glaubt nie und nimmer,
Wir sind bei euch ewig und für immer!

CODA

Pflanzt Liebe auf der ganzen Welt,
alles gehört uns, sie ist, was wirklich zählt.
Du kannst etwas, was Niemand kann,
für Dich, Frau, Kind und Jedermann!

Freedom for Future
for the golden Age
Corona Update

Do not let the Corona Hysteria Fall on You,
It is not more than a mild or medium flu,
The annual flu kills year by year much more,
But no one ever published a daily „score"

So do ask yourself who benefits,
when your civil and human rights vanish in the mist,
When the elder pass away and the little an medium shops quit,
Ask your self who tells you the „Story´s real gist?"

Whatever answer you will give yourselves,
Just keep your hearts upon the shelves.
Let us all build a new and better world and clear the way,
let´s my ready but still unpublished novel
Handcuffed by Time give a say.
This is a real and great chance to make a brand new start right now.
Lets get together and suggest all people how.
The corona crisis is the ignition for the change
however may it be serious and strange.

Freedom for Future
Vive l´ evolution d´ amour
En marche mais cette fois en bonne
Don´t change the climate, change the system
Join our path of love

Refrain
Freedom Justice and Peace for us all,
And the tyranns in the background to fall
We can make the world a fine place to be
just act now not only wait and see!

1.
Who is the first who fights
with us for our human rights
we make our world a better place to live
because every decent person wants to give

2.
Who are the ones incredible rich
Who treat the girls and women like a Bitch
Who says we are a burden
and let us work like slaves
who profits from the system and only takes

3.
Let´s fight for us and for clean air
for free water everywhere
to find out the real truth
now we start and fight in Peace
But our fight will never cease

4.
Unite Unite all over the globe
It`s not that way like they always told,
Keep going forward for a better World the old lets tear
Cause anyone has something to share
Be yourself the change, you want the world to make
it`s better to give than take.

5.
We know that our peasants, can bring the harvest in
without your pesticide shit within
Your full of antibiotics forcefed meat
is nothing for our children to feed

6.
We want no more war and civil war
The arms and finance industries` bloody claw.
WE just want to live in peace
together on this Globe which is our planet earth

7.
And every man, woman, child, animal, and nature
our world so fine and just from birth so;
So take your parents, Grannies Brothers and sisters just let us stick together
Today tomorrow for now and ever.

8.
WE want medicine that really heals and do not peek
The Pharma Industries shares on Wall street
We want no more sanctions upon nations to subjugate
WE want no war just peace for all, it`s not too late.
Thats not your business what I bought and where I go
Fuck your insane surveillance and Big Data show.

9.
Don`t let you be fooled by the energy industry
they hide and keep all the new technology
we want green energy by day and night
so let`stand up and put up the fight.

10.
The old Catholic Church burned the wise women at the stakes
But you will learn now what it takes
your power will cease and you`ll all fall
if women won`t be priest, pope bishop or cardinal.

11.
Please respect the handicapped all
never let them down or fall.
they are so precious, they are so good
they keep the earth in a very good mood!

12.
We want homes that we can afford,
We don`t live in a castle we are no Lord
Stop speculating on peoples basic need
Or you fill feel the consequences of your endless greed.

13.
We have the right on a pension to let us live in grace
after a life of work and and of educating our kids face to face
you enrich and enrich only each other,
we want a a fair pension for father and mother.

14.
Let´s start with an UBI for all
this is our urgent call
and our world will evolve at once
this is our greatest chance! (Unconditional basic income)

15.
Fiat money enslaves us all
local currencies will stop the world to fall
Not the multinationals do any good
the SMEs provide better products, services and food.

16.
So stop feeding the giants with our tax money
we want not industrial but the beekeeper´s honey.
We long to live from our hands forever.
Let´s change the world now or ever.

17.
Freedom Justice and Peace for us all,
And the tyranns in the background to fall.
We can make the world a fine place to be
just act now not only wait and see!

18.
Lets plant love all around the globe all the time,
everything is ours not yours or mine,
You have a special talent just bring it in,
For you for me for us for the world, love generates enternal spring.

19.
Thanks to the evil puppet players
the world is out of the seams
Let´s get it back and fulfill our dreams.
So come together and let´s start,
we will make it together if we work hard!

20.
Muslims, Christians, Jews, Hindus, Budhists stick together,
what's happening on the globe whatever!
And those whoever believe in nothing,
we are with you forever!
We will abandon you not now and never!

Mein Engel

Mein Engel, der heißt Freude,
damit ich nicht vergeude
Die Schönheit meines Lebens-
Kein Tag ist hier vergebens.

Mein Engel, der singt Lieder,
die jubeln immer wieder
in allen deinen Tagen,
Gott will uns alle tragen.

Mein Engel, der heißt Frieden,
wir alle sind verschieden,
doch lasst uns Brücken bauen,
vergeben und vertrauen.

Mein Engel, der heißt Sehen,
in Christus ist's geschehen
Die Herzlichkeit wirkt weiter,
sie ist dein Wegbegleiter.
(Verfasser unbekannt)

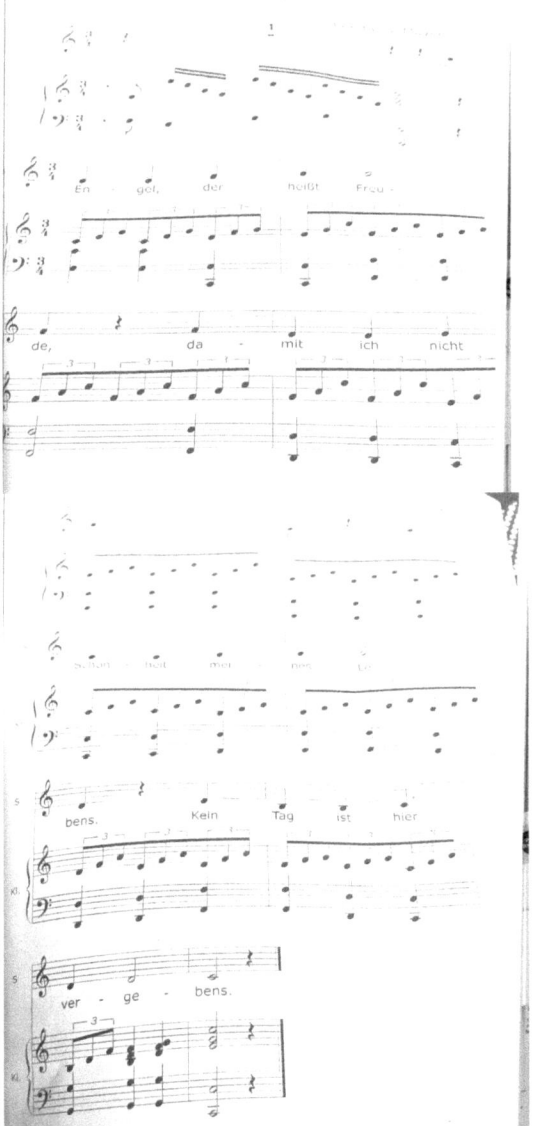

Freundschaft heißt: the true pure loving heart (englisch)

The true pure loving heart is God 's / Universe's first choice, which lets all life on Earth rejoice. If your heart is broken - get calm and listen to, it will tell you best advice just to you. Listen: if two hearts unite in precious true LOVE and become ONE even in the darkest our there will be bliss just some. And if your heart is broken dine aline or whatever please take good care of him / her, and it will project and guide you and leave you never.

Was wären eigentlich deine letzten Ratschläge?

Am Ende aber bleiben Glaube Hoffnung und die Liebe, das Allergrößte aber war ist und bleibt die Liebe. In jeder Form, für Liebe gibt es keine Norm. Und wenn Liebe wahre Liebe auch verzeiht, sie ewig uns Flügel verleiht.

Das einfache reine wahre Herz

Das einfache reine wahre Herz in aller Welt hat Gott / das Universum zum Maßstab bestellt. So lange es schlägt hört ihm gut zu werdet still und es spricht im Nu. Und wenn zwei Herzen zu einem sich in Liebe vereinen, auch in der dunkelsten Nacht darin die Glückseligkeit immer wieder aufscheint. Und ist Dein Herz allein gebrochen, oder wie auch immer pfleg es gut und es beschützt dich immer.

Weltreisender / Weltenbummler von Gernot E. Mayer

Wohin du auch gehst,

was immer du machst,

es geht nach Hause,

sei dessen bedacht.

Am Ende zieht man dir die Kleider aus.

Frage dich, was du anderen hinein gezaubert hast,

das traurige einsame Herz was dank Dir wieder hoffnungsfroh lacht.

So Wanderer der Du diese Welt(en) durchstreifst,

hab Acht, dass du die wichtigsten Dinge rechtzeitig begreifst.

(Gerri Lumière 4:14 AD MMXXI VIII.VIII)

Persönliche Gedanken von Gernot E. Mayer

Wir sind alle miteinander und mit Allem und Jedem alle Zeit verbunden,

in Licht und Liebe, wenn wir haben uns selbst gefunden.

Ein den Augenblick in Lob, Dank und Liebe Wert frei Leben,

dem nächsten was er Bedarf geben...

das ist die Kunst die Leben heißt,

und im Universum zum höchsten reift.

Gerade von mir gerne gedichtet

In Liab und Ruh